HOMMAGE

AU

Professeur Pierre SEBILEAU

---

18 AVRIL 1926

HOMMAGE

AU

Professeur Pierre SEBILEAU

18 AVRIL 1926

PARIS
LIBRAIRIE LOUIS ARNETTE
2, RUE CASIMIR-DELAVIGNE, 2

1926

DISCOURS

DE

La médaille offerte à M. le Professeur Pierre SEBILEAU *par ses élèves et ses amis lui a été remise le dimanche 18 avril 1926 au petit amphithéâtre de la Faculté de Médecine.*

La réunion était présidée par M. le Professeur E. QUENU.

DISCOURS

DE

M. le Professeur E. QUÉNU

Mon cher Sebileau,

Vous allez entendre un certain nombre de discours ; il est probable que votre modestie y sera soumise à une rude épreuve. Je ne veux pas aggraver votre cas. Je me contente de vous dire que j'éprouve une grande joie à présider cette fête qui réunit vos amis de la première heure et tous ceux que vous avez su vous attacher ensuite par votre enseignement, par vos mérites professionnels et scientifiques et, surtout encore, par la sympathie qui émane de vous, par votre fidélité à vos amis, en un mot par votre caractère.

DISCOURS

DE

MONSIEUR LE DOCTEUR F. LE MAÎTRE

MON CHER PATRON,

Permettez-moi tout d'abord cette appellation qui, je le sais, n'est pas de circonstance dans une réunion officielle comme celle d'aujourd'hui, mais qui, si elle n'enlève rien au respect qui vous est dû, ajoute par contre beaucoup à l'affection que vos élèves ont pour vous. Et puis, vous m'avez permis de vous appeler ainsi depuis le jour où j'ai eu le bonheur et l'heureuse fortune d'être votre assistant, et il est bien difficile de changer une habitude vieille de 20 ans.....

Donc, mon cher patron, vos élèves et vos amis se sont réunis aujourd'hui pour fêter votre promotion au grade de Commandeur de la Légion d'Honneur. Sans doute nous savons tous ce que valent croix, rosettes, cravates et même plaques et grands cordons de la Légion d'Honneur : tout cela vaut ce que valent les personnes ou les personnalités auxquelles ces honneurs sont conférés, et c'est précisément pour cela que nous ajoutons un si grand prix à la dignité à laquelle vous avez été élevé. La cravate de Commandeur vous était due pour de nombreuses raisons. De ces raisons, je n'en retiendrai que deux : les services inappréciables que vous avez rendus aux blessés de guerre et l'essor considérable que vous avez donné à notre spécialité, à l'oto-rhino-laryngologie.

Pendant la guerre, vous avez consacré toute votre activité, et chacun sait combien elle est grande, aux Mutilés de la Face qui vous en ont conservé une reconnaissance infinie. Tous les jours, de grand matin, vous partiez visiter les nombreux services que vous dirigiez et je vois encore la petite voiture, avec sa croix rouge, qui vous conduisait le matin, l'après-midi, le soir, à Chaptal, à Lariboisière, rue de la Boétie, avenue du Bois, puis, plus tard, au Val de Grâce ; on la rencontrait partout où il y avait des soldats à secourir, mais on ne la voyait jamais aux portes des Cliniques privées. Vous ne vous êtes pas contenté de réconforter, de soigner, d'opérer les très nombreux blessés qui vous étaient confiés ; vous avez fait plus : vous avez organisé la chirurgie maxillo-faciale de guerre, en facilitant la création, à l'avant, « d'équipes d'armée », à l'arrière, de « centres régionaux » ; aussi, lorsqu'au début de 1917, les Américains sont arrivés en France, ils n'ont eu qu'à s'inspirer de l'organisation que, grâce à vous, votre Ecole avait réalisée. En vous remettant la cravate de Commandeur, les Pouvoirs Publics n'ont certainement pas oublié ce que vous devait le Service de santé militaire ; ils ont sans doute aussi voulu honorer le Chef que vous êtes de l'oto-rhino-laryngologie française et c'est de ce rôle dont, me faisant l'interprète de vos élèves, je voudrais maintenant vous dire quelques mots.

Mon cher patron, il vous est peut-être difficile, à vous, d'apprécier ce que vous avez fait pour notre spécialité. Vos vieux élèves, par contre, surtout ceux qui, ayant déjà beaucoup voyagé, ayant par conséquent beaucoup vu, peuvent juger des choses par comparaison, savent ce que vous doit l'oto-rhino-laryngologie. Vous êtes venu à la spécialité à un âge où un grand nombre d'entre nous ont marqué leur place, mais vous y êtes venu dans des conditions exceptionnelles, puisque vous étiez déjà un Maître et à la Faculté et dans les hôpitaux. Vous n'avez pas hésité alors, vous, le Professeur agrégé écouté, le chirurgien des Hôpitaux réputé, à venir vous asseoir modestement sur les bancs de la petite clinique de la rue des Augustins, pour y écouter des conférences de propédeutique élémentaire. Si je rappelle ces souvenirs que les jeunes ne connaissent peut-être pas, c'est parce que l'exemple que vous avez ainsi donné n'est pas, à mon avis, l'une des moins belles pages de votre belle carrière chirurgicale. En prenant possession du service de Lariboisière dont vous avez su faire le Centre vers lequel, aujourd'hui, tous les regards de l'oto-rhino-laryngologie sont tournés, vous y avez apporté, avec un bagage scientifique considérable, votre don exceptionnel de l'enseignement et vos qualités de chirurgien formé à la bonne école. D'emblée, vous avez élevé la chirurgie oto-rhino-laryngologique à un niveau que, sans vous, elle aurait mis de nombreuses années à atteindre : vous avez placé notre spécialité sur le même plan que la chirurgie générale. Votre action ne s'est pas limitée à l'acte opératoire ; elle s'est étendue à la clinique et vous avez doté l'oto-rhino laryngologie des méthodes d'examen qui, de tous temps, ont fait la réputation mondiale de la clinique française. Dans ces conditions, vous ne pouviez pas ne pas créer une Ecole nouvelle et vos élèves, à la fois élevés dans les principes de la chirurgie générale et éduqués dans le sens oto-rhino-laryngologique, furent les premiers privilégiés qui bénéficièrent de votre passé et de toute votre expérience. Mais bientôt, le cadre de votre Ecole s'est considérablement élargi ; la plupart des spécialistes sont en effet devenus vos disciples, parfois indirectement, souvent même à leur insu. En tous cas, je puis vous affirmer que ce qui frappe le plus l'étranger qui vient en France, c'est l'éducation chirurgicale, clinique et opératoire, des oto-rhino-laryngologistes français ; or, cette éducation chirurgicale, c'est incontestablement à vous que nous la devons.

Ce n'est pas tout. Vous avez rendu d'autres services aux spécialistes. Lorsque, en 1902, par l'excellente nomination de Lombard, les oto-rhino-laryngologistes sont entrés dans les Hôpitaux de Paris, ils étaient considérés comme des « parents pauvres » par leurs Collègues, Médecins, Chirurgiens et Accoucheurs. Si maintenant nous avons acquis droit de cité dans les Hôpitaux, c'est en grande partie à vous et à Monsieur Lermoyez que nous le devons et, aujourd'hui que, par suite d'une injustice flagrante, nos droits sont contestés au sein même des Facultés de médecine, je ne doute pas que vous ne vous leviez une fois de plus pour prendre notre défense.

Je voudrais en terminant adresser quelques remerciements. Je voudrais remercier mes jeunes camarades qui m'ont fait l'amitié et l'honneur de me choisir pour être leur interprète ; mais je voudrais surtout vous remercier vous, mon cher patron, car si, grâce à vous, certains d'entre nous sont aujourd'hui,« quelque chose », chacun de vos élèves est, à votre contact, devenu « quelqu'un ». Au nom de tous et en mon nom personnel : Merci.

Permettez-moi de vous remettre cette Médaille ; elle vous dira mieux que moi l'admiration profonde et la reconnaissance respectueuse de vos élèves et de vos amis.

DISCOURS

DE

M. le Professeur CHEVAL

Cher Collègue,

L'Académie Royale de Médecine de Belgique, qui m'a fait l'insigne honneur de me déléguer près de vous, vous sait un gré infini, mon cher Président, d'avoir eu la délicate pensée de l'associer à votre belle manifestation et de lui avoir ainsi permis d'apporter au Professeur Sebileau, l'hommage de ses plus cordiales félicitations.

La présence d'un Belge au milieu de vous, Messieurs les Français, n'est pas pour vous surprendre dans cette fête du cœur. Vos peines et vos joies ne sont-elles pas nos peines et nos joies ? La France et la Belgique n'ont-elles pas été unies dans une commune détresse ? Depuis l'armistice, ne sont-elles pas unies dans la commune cruauté de l'amertume de leurs communes déceptions ? Aujourd'hui, Belge et Français s'unissent pour célébrer la pure gloire scientifique d'un grand Français, d'un Maître dans tout l'épanouissement de son brillant talent, du Professeur Pierre Sebileau.

Un de vos assistants de la première heure, dont vous avez le droit d'être fier, à juste titre, cher Collè-

2***

gue, puisque le Professeur agrégé, Fernand Lemaître, est devenu un maître à son tour, et dont l'élégante et fine figure reflète bien l'élégance de la pensée et la finesse de l'esprit, vient, dans un émouvant discours, de nous retracer votre vie toute de travail et de science et votre dévouement au cours des années terribles.

Vous devez éprouver, à l'instant, la joie la plus pure qu'un maître puisse ressentir, c'est celle de constater la profondeur des sentiments de reconnaissance, d'estime et d'admiration, qu'il a inspirés non seulement à ses disciples et à ses collègues, mais encore à tous ceux qu'il a guéris, à quelque niveau social qu'ils appartiennent. Le Gouvernement de la République, en vous accordant la cravate de Commandeur de la Légion d'Honneur, vous a apporté la consécration officielle de la gratitude de la France.

L'Académie Royale n'ignore rien de toute votre œuvre : Elle sait que vous vous êtes préparé à la Pratique et à l'Enseignement de l'Oto-Rhino-Laryngologie, par une longue et parfaite éducation générale. Elle a toujours pensé que c'était là, la seule et la vraie méthode pour y briller et en devenir le Maître. Elle salue, en vous, le Maître français de la Chirurgie de la face et du cou, chirurgie qui a inspiré ces lignes si impressionnantes à notre grand ami commun, le Professeur Jean-Louis Faure, dans son « Ame du Chirurgien » :

. . . .

« Il est d'autres opérations, au contraire, dit-il, et
» c'est à elles que je fais allusion, qui accumulent
» toutes les surprises et toutes les difficultés, où la
» moindre faute peut être suivie d'accidents mortels,

» d'hémorrhagies formidables, de syncopes, de trou-
» bles asphyxiques, et dans lesquelles, le chirurgien
» n'a pas trop de tout son sang-froid, et de toute sa
» présence d'esprit, pour s'en tirer à son honneur.
» Parmi ces opérations, les plus graves, les plus émou-
» vantes, celles qui permettent le mieux au chirurgien
» de donner sa mesure, ne sont pas, comme on pour-
» rait le croire, les opérations qui se pratiquent sur les
» viscères de l'abdomen. Ce sont les grandes interven-
» tions qui portent sur la face et sur le cou. L'abondance
» et le volume de vaisseaux dont la moindre blessure
» peut entraîner une hémorragie effroyable, le passage
» de nerfs dont la simple piqûre peut arrêter net, les
» mouvements du cœur ou ceux de la respiration, la
» présence des voies aériennes où s'engouffre le sang
» avec des râles d'asphyxie font, en effet, de l'extirpa-
» tion des grosses tumeurs de la face et du cou, des
» opérations graves, fertiles en accidents de toute sorte,
» et qui, plus que toutes les autres, mettent à l'épreuve
» en même temps que l'habileté du chirurgien, son
» calme et sa fermeté d'âme... »

Votre calme, votre fermeté d'âme, votre habileté opératoire nous ont toujours fortement impressionnés et ceux qui, comme moi, ont eu le rare bonheur de vous voir opérer dans votre belle salle de Lariboisière, vous reconnaissent encore bien d'autres qualités; j'en relèverai deux :

Vous avez le plus profond respect pour le malheureux qui se confie à votre science et à votre talent; vous êtes un chirurgien-conservateur, dans le noble sens du mot : vos interventions sont « toujours faites à la demande des lésions » et votre bistouri s'est toujours plié à cette règle de votre chirurgie.

Vous prodiguez à vos opérés, les trésors de votre exquise bonté. Lorsque nous avons assisté à vos graves interventions sur l'opéré à l'état de veille, nous ne savions ce que nous devions le plus admirer en vous, ou les prouesses de votre bistouri, ou la sublime douceur de vos encouragements si touchants.

Votre réputation a dépassé vos frontières et dans ce petit pays voisin, le nôtre, qui a le bonheur inexprimable d'être encore uni au vôtre, par la beauté et la clarté de votre langue française, tous vous connaissent, tous vous estiment, tous vous admirent. C'est à la satisfaction de tous, que l'Académie Royale vous a accueilli, le 26 janvier 1924. Notre Collègue, Charles Goris, qui fut votre parrain, n'est plus; c'est lui qui eût dû aujourd'hui, vous dire tout ce qu'il pensait de vous. J'ai fait de mon mieux pour le remplacer, mais je n'ignore pas que je fus inférieur à ma tâche.

Je réclame toute votre indulgence et je suis persuadé que vous me l'aviez accordée d'avance.

Je vous apporte, mon cher Collègue, le tribut des plus cordiales félicitations de l'Académie Royale.

CHER AMI,

J'ai accepté cette agréable mission avec le plus vif plaisir, parce que je viens de trouver ainsi l'occasion de vous exprimer l'hommage personnel de mes sentiments de grande admiration et de profonde affection.

DISCOURS

DE

M. le Professeur GILBERT

C'est en 1887, mon cher Sebileau, il y a 39 ans, que les hasards de la vie nous ont réunis dans une commune Salle de garde et que nous sommes devenus de fervents amis. Tu étais alors en troisième année d'Internat et moi, par la vertu de la médaille d'or en sixième année, tu étais l'interne du grand chirurgien Verneuil et moi du célèbre médecin légiste Brouardel.

L'hôpital où nous allions passer une des plus douces années de notre vie était la Pitié, non pas la Pitié actuelle, alors inexistante, mais la Pitié de Louis XIII qui, plus tard, devait devenir le *Chef-lieu de l'Hôpital général* et plus tard encore, après la Révolution, la *Maison de la Patrie*.

C'était une bonne vieille construction, d'aspect provincial, qui, avec ses bâtiments parasites, couverts de plantes grimpantes et, avec ses multiples jardinets, ne manquait pas de charmes ni d'attraits.

Hélas, ses trois siècles de bons et loyaux services ne devaient pas la protéger contre la pioche des démolisseurs, ni contre les entreprises des reconstructeurs, si bien qu'à sa place, s'élève aujourd'hui, derrière un rideau de maisons à sept étages une Mosquée, la Mosquée de Paris, qu'inaugurera en juillet prochain, le Sultan du Maroc.

Quelle surprise n'est-ce pas, à l'endroit, où naguère s'élevait *Notre-Dame de la Pitié,* de voir s'ériger un Minaret qui porte orgueilleusement au delà des nues ses trois boules d'or !

En 1887 nous étions treize internes à la Pitié. Ce chiffre devait nous être favorable. Il y avait outre toi et moi : Lejars, Démelin, Méry, Thierry, Belin, Willemin, Janet, Lavaux, Legrand, Raymond et Regnault. Huit d'entre nous allaient suivre la voie des Concours et y réussir, les huit en effet furent tous nommés médecins, chirurgiens ou accoucheurs des hôpitaux ; six en outre franchirent avec succès l'agrégation ; trois le professorat.

Parmi nos autres collègues, l'un, Legrand, s'expatria en Egypte et y fournit une carrière médico-chirurgicale très honorable. Les quatre derniers se fixèrent à Paris et s'y taillèrent de belles situations en médecine ou en chirurgie, du moins en fût il ainsi de Janet, de Lavaux et de Raymond. Quant à Félix Regnault, indécis quelque temps sur sa véritable vocation, il s'est définitivement voué au journalisme médical, profession dans laquelle il a conquis l'une des toutes premières places.

Comme on le voit à notre Salle de garde était dévolu un magnifique avenir.

Nul de nous ne couchait à la Pitié en 1887, sauf, bien entendu, l'interne de garde, à qui était réservée l'unique chambre disponible. Mais nous y prenions nos repas, le déjeuner surtout, heureux de nous agglutiner autour de la table commune.

Midi avait sonné, les grands maîtres avaient quitté l'hôpital, la besogne du matin était achevée, nous éprouvions le besoin de nous retrouver entre nous, tels les membres d'une même famille, d'échanger librement nos idées, d'apprécier nos états d'âme et de cœur. Chaque jour, nous apprenions à nous connaître davantage et des amitiés se nouaient qui ne devaient plus se dissoudre. Ainsi en fut-il entre nous, mon cher Sébileau.

L'année cependant s'écoulait rapidement. Attachés aux services d'excellents chefs, entourés de camarades des plus distingués et sympathiques, nous ne pouvions pas ne pas ressentir d'une façon cruelle la fuite du temps. L'année passa comme un songe.

Et ce fut la dislocation de notre belle Salle de garde avec toute l'amertume que comporte une telle épreuve.

Tu allais, mon cher ami, terminer ton internat à l'Hôtel-Dieu, Méry en faisait autant ; je vous suivis au même hôpital, si bien que nous connûmes, encore quelque temps, le charme à la fois gastronomique et spirituel de la vie hospitalière en commun. Toutefois, comme j'avais alors huit années de Salle de garde, du fait de la surajoutation à mes six années d'internat d'un an de provisariat et d'un an de volontariat, je ne pouvais longuement prolonger mon séjour auprès de vous : on m'aurait accusé d'instaurer le système de la Salle de garde à vie.

Ce fut donc la séparation et une séparation d'autant plus formelle que par nos carrières dissemblables, l'une chirurgicale, l'autre médicale, nous fûmes entraînés du fait de nos concours dans des voies divergentes.

Mais notre amitié était scellée et rien désormais n'était capable de lui porter atteinte. Aussi, lorsqu'en 1889, ton frère Paul fut frappé d'une grave maladie le confias-tu à mes soins. Madame Sebileau, ta mère, était accourue à Paris à la mauvaise nouvelle et c'est près du lit de son fils que j'eus l'honneur de faire sa connaissance. C'était une femme admirable, le modèle des mères, au souvenir de qui j'ai voué un culte profondément respectueux.

Quelques années plus tard, malade à mon tour, je m'adressais à ta science ainsi qu'à ton affection et je ressentais combien l'une était profonde, l'autre délicate et tendre. Je t'en ai gardé, tu le sais, une inépuisable reconnaissance.

La maladie ne fut pas, dans notre passé lointain, la seule cause, bien entendu, de nos réunions. Toute raison nous a toujours été bonne qui nous rapprochait. Te souviens-tu, notamment, des fins et joyeux dîners qu'organisait notre ami Brunot et auxquels il nous invitait ? Brunot n'était pas de souche médicale, mais il avait de nombreux amis médecins et, dans le monde politique, il était également répandu. Ainsi pouvait-il composer des réunions politico-médicales très réussies et qui avaient le plus grand succès.

Si je rappelle ici le nom de Brunot, c'est qu'il fut pour nous deux un ami modeste, mais sûr et fidèle, et que je regrette de ne pas le voir à tes côtés aujourd'hui, comme tant d'autres hélas, ainsi que lui disparus.

Tout à l'heure, cher ami, je te disais que nos carrières, la tienne chirurgicale, la mienne médicale, nous avaient au sortir de l'internat séparés. Après nous avoir séparés un temps, elles nous rapprochèrent en réalité. Elles nous rapprochèrent à partir du moment où tous deux nous entrâmes à la Faculté comme agrégés, puis comme professeurs et ensuite à l'Académie de médecine. Du fait des Examens, des Conseils et des Assemblées, des Commissions et des diverses Cérémonies possibles, la Faculté nous met en présence l'un de l'autre très fréquemment ; l'Académie agit de même hebdomadairement. D'ailleurs, tout récemment, une nouvelle Société très sélecte t'a ouvert ses portes après me les avoir ouvertes à moi-même : je fais allusion à *l'Académie des Sports*, si bien qu'il en résulte encore pour nous un lieu d'appel commun possible.

A la fin de leur existence, les deux amis ont donc la grande satisfaction de se retrouver l'un près de l'autre, comme ils le furent au début de leur carrière. Et puisque La Boëtie et Ronsard dont l'amitié fut touchante et célèbre, s'appelaient frères mutuellement, pourquoi ne les imiterions-nous pas en ce jour de fête et pourquoi, à ce titre, ne nous embrasserions-nous pas, comme de véritables frères que nous sommes ?

DISCOURS

DE

Monsieur le Docteur EMERY

Mon cher Pierre,

A moi revient le redoutable honneur d'évoquer le passé ! Privilège que j'ai spontanément revendiqué cependant, ne voulant abandonner à nul autre la joie de te crier notre reconnaissance, même au prix de confessions et d'aveux sans gloire pour ceux qui te doivent tant.

Je n'aurai garde pourtant de laisser dans l'oubli les circonstances de notre première rencontre parce qu'elles éclairent merveilleusement ton caractère, justifient ta magnifique carrière et légitiment l'attachement indéfectible de tous ceux qui, nourris de ton lumineux enseignement, se sont développés à ton ombre.

C'était à une époque déjà lointaine où l'on trouvait encore au quartier latin des étudiants de vingtième année ! Tout frais échappés du bagne scolaire qu'était à cette époque l'internat des Lycées, soudainement transplantés d'une calme et apaisante province dans les milieux joyeux et turbulents du quartier des Ecoles, respirant à pleins poumons l'air grisant de la liberté après la sévère claustration de toute une jeunesse, les étudiants dont j'étais, réalisaient avec fougue les rêves de vie insouciante et voluptueuse qui avaient consolé leur existence maussaude et chagrine d'enfants prisonniers.

Après deux années d'Etudes (quel euphémisme !) nous ne connaissions guère du studieux quartier latin que la partie du « Boul'Mich » comprise entre le café Vachette et le bal Bullier. Encore évitions-nous soigneusement celui des deux trottoirs où s'ouvre, tel un reproche muet, la rue de l'Ecole de Médecine. Celle-ci s'offrant à nos regards avec une persistance obstinée, son invitation à rentrer dans le devoir fut d'abord déclinée avec politesse, mais, à la longue, son insistance nous parut par trop indiscrète et nous prîmes le parti de ne plus la reconnaître.

Ainsi s'écoulaient des jours insouciants :

L'hiver, les brasseries équivoques qui foisonnaient à cette époque nous offraient un asile discret et des joies frelatées mais nouvelles pour nous. Dans la belle saison, les luxuriants jardins du Luxembourg abritaient nos nonchalantes rêveries... Parfois, à la suite de l'austère professeur Baillon, nous daignions participer à une tournée d'herborisation dans les bois d'alentour, mais, là encore, les joyeuses beuveries à l'ombre des fraîches tonnelles nous faisaient bientôt perdre la trace vagabonde du Maître ! Nos études d'anatomie étaient superficielles et restaient, si j'ose dire, à « fleur de peau » car nous étions plus curieux des belles formes académiques de personnes bien et bonne vivantes que des secrets relevés par un scalpel inexpert fouillant les chairs malodorantes d'un cadavre momifié.

La Faculté n'hésita pas à se venger de notre dédain. Notre première confrontation avec d'impressionnantes robes cramoisies se termina par une honteuse déroute, et nous valut les remontrances d'usage de nos familles.

Mais bast à la longue, nous finirions bien par user la résistance de nos juges !... et nos études paramédicales se poursuivaient ainsi dans l'ignorance de tout remords lorsque le hasard d'une pérégrination matinale, nous amena au voisinage de la Pitié. (Excusez-moi de ne plus me souvenir, à une époque aussi lointaine, des raisons évidemment extraordinaires pour lesquelles nous étions sortis du lit d'aussi bonne heure).

Emportés par le courant des étudiants qui franchissaient sa porte hostile, nous nous trouvions bientôt en présence d'un alerte vieillard,lequel, abondant et disert, faisait à une innombrable assistance une leçon aussi éloquente que copieuse sur le « scrofulate de Vérole » (J'ai quelque raison de me souvenir de ce sujet).

Un peu éberlués par tant de savoir, impressionnés par le mystère du sujet traité et aussi légèrement suffoqués par l'odeur jusqu'ici irrespirée de l'iodoforme et de l'acide phénique nous nous apprêtions à vider ces lieux paradoxalement inhospitaliers pour nous, lorsque, témoin apitoyé de notre confusion embarrassée, un élève attaché au service s'avança vers nous d'un pas lent et balancé avec un léger déhanchement de la démarche, le dos faiblement voûté, la tête penchée en avant et les deux mains plongées dans la grande poche de son tablier.

Deux yeux noirs légèrement bridés, vifs, et ironiques en même temps, nous dévisageaient tour à tour et semblaient se divertir de notre inexpérience. La bouche rieuse mais bienveillante s'abritait sous d'opulentes moustaches, le visage un peu osseux, aux pommettes saillantes, était mangé par une barbe noire et fournie qui devait, au cours du temps, se couvrir de neige mais résister victorieusement aux prescriptions impératives de la mode.

Avec simplicité et d'un air « bon enfant » qui est toujours resté dans sa manière, le jeune maître dont la dignité se reconnaissait à une petite calotte de velours noir glorieusement élimée, comme il convenait alors, et paraissant fixée sur la nuque par l'unique force de la tradition, venait nous offrir généreusement l'aide de son savoir et l'expérience déjà mûrie de son art d'enseigner.

Ravis de comprendre enfin, tout pénétrés de la clarté de son exposé, nous écoutions religieusement cette voix chaude et prenante qui disait excellemment dans le plus élégant et le plus imagé des langages, des choses élémentaires à notre portée.

L'examen d'un malade nous parut la chose la plus attachante du monde. Oh miracle ! à partir de ce jour, finies les grasses matinées pauvrement réparatrices des nuits agitées passées loin des bibliothèques ! Chaque matin nous vît, sans retard ni défection, fièrement ceints du tablier blanc symbolique, groupés, attentifs et zélés, autour de notre nouvel ami. Ami ! certes il l'était déjà, car il lui avait suffi d'apparaître pour s'imposer et vaincre, abattre notre insouciance, stimuler notre curiosité, surexciter notre émulation, susciter enfin en chacun de nous une ambition naissante qui peu à peu fleurissait sur les ruines d'une fausse modestie derrière laquelle s'abritait complaisamment le dégoût de l'Effort ! Sebileau, masquant sous son impassibilité apparente une sensibilité aiguë et un généreux appétit de prosélytisme avait créé tout cela par la force de la confiance que dès l'abord il inspirait et par l'irrésistible attachement dont nul n'aurait pu se défendre !

Le Guide sûr et infaillible, au prestige déjà grand se penchait sur nous, nous rapprochait de lui, sans nous élever à sa taille, certes, mais, sa souriante indulgence et sa sensibilité assoiffée d'affection diminua les distances et créa l'intimité.

Bientôt s'ouvrit l'ère des conférences d'Internat.

Celui qui en quelques mots avait su nous arracher à notre molle indifférence n'eut aucune peine à nous persuader qu'il fallait gravir ce premier échelon de la hiérarchie médicale.

En quelques heures les décisions étaient prises, Sebileau imposait une orientation nouvelle à notre vie d'Etudiants.

Comment rappeler sans émotion ces conférences d'Internat où Sebileau groupait autour de lui dans son appartement du boulevard Saint-Germain ses disciples favoris, ceux qui venaient comme à une fête chercher à ses côtés non seulement la critique avisée, ferme, et parfois sévère de son jugement si sûr et de sa méthode si rigoureuse, mais encore le réconfort et l'encouragement que sa voix grave, puisant ses accents dans le plus profond de son cœur, savait si utilement dispenser !

Sa vigilance, la rigidité de son caractère, et la fermeté même de ses décisions savaient parer à temps à toutes les défaillances qu'il pressentait.

C'est ainsi que l'Ami s'acharnait à son œuvre de redressement là où le Maître eut pu trouver plus d'une excuse à son découragement.

Les familles mêmes de ses Elèves, qui l'aimaient comme un fils aîné qui s'efforce à montrer les voies et à les aplanir à ses cadets, étaient opportunément appelées par lui à son secours et répondaient à son appel. Je ne me rappelle pas sans un sentiment de gratitude infinie la patiente et courageuse collaboration d'une vieille mère abandonnant sa vie provinciale calme et paisible pour venir, sur son conseil, partager dans l'inconfort et la solitude les veilles de son fils assagi.

Comment pourrais-je omettre d'associer à ce tribut de reconnaissance émue les chers parents de notre jeune maître qui à la veille de la grande épreuve nous accueillirent avec tant de bonne grâce à leur foyer !

Nul trait ne saurait mieux illustrer la figure de Sébileau intime.

Les grandes vacances de 1892 vont interrompre notre préparation aux épreuves d'Internat fixées à la rentrée d'octobre. Les heures sont comptées, l'échec peut être la conséquence d'un relâchement dans l'entraînement qui devient intensif... Sebileau ne s'arrête pas un instant à l'idée qu'il puisse interrompre la tâche qu'il s'est librement fixée. Il lui faut renoncer à un repos bien gagné, ou faire partager à ses élèves sa villégiature familiale, de Saint-Fort-sur-Gironde. Son parti est vite pris. L'empressement de ses chers parents à nous accueillir n'a d'égal que le dévouement de leurs fils. Nous partagerons donc ses plaisirs de vacances et ses réjouissances familiales, lui, prendra sa part de notre labeur quotidien... Et c'est alors sous les somptueux ombrages de l'antique et pittoresque domaine de Fief-Doré, les longues et studieuses matinées alternant avec les siestes bienfaisantes des torrides après-midi de juillet. C'est aussi, suprême récompense de notre effort quotidien, les ébats joyeux du soir au milieu d'êtres charmants sous l'œil indulgent de nos parents d'adoption, êtres chéris à la mémoire desquels tu as voué un culte pieux, mon cher Pierre, et qui vivront toujours, crois-le bien dans notre souvenir reconnaissant!

Nous ayant ainsi conduits, portés, devrais-je dire, jusqu'au seuil de l'internat, tu avais accompli, mon cher Pierre, la tâche assumée.

L'heure était venue où ta tutelle bienfaisante ne pouvait plus s'exercer ! Ayant recueilli le fruit de tes efforts, nourris de ta substance, façonnés par ta méthode, inspirés par ton exemple, tes chers élèves, tes premiers amis devaient enfin essayer leurs propres forces, et voler de leurs propres ailes.

Leur fortune fut diverse. Quelques-uns, des meilleurs, ont trop prématurément disparu de la scène où l'avenir semblait leur réserver un rôle brillant. D'autres firent une honorable carrière... Aucun d'eux, que je sache, n'a pu te suivre dans ta rapide et sûre ascension vers les sommets de notre profession. C'est que d'autres que nous ont recueilli les fruits de ta maturité. Ceux-là sauront dire quel fut le plein épanouissement de tes dons prodigieux d'enseignement. Ils pourront se flatter, et ce sera justice, d'avoir à ta suite, près de toi, brillé d'un éclat qui n'a cependant point terni le tien, n'en étant qu'un fidèle reflet.

A nous, tes premiers élèves, à nous qui étions si loin de toi par le mérite mais si rapprochés par l'âge, la bonne camaraderie et l'affection qui nous unissait, à nous revient la tâche d'attester que ta maîtrise n'a pas attendu la consécration des années.

C'est pour nous que furent écrites et publiées ces « Leçons d'anatomie » qui resteront comme un modèle d'élégance et de clarté.

C'est en nous enseignant l'anatomie que tu pris conscience de ta propre force et que, sans appui, sans soutien devant un jury peu prévenu en faveur des chirurgiens tu briguas et emportas de haute lutte l'agrégation d'anatomie.

Le professeur Farabeuf qui s'y connaissait en hommes avait pronostiqué ton succès en disant que tu serais « L'artiste de la bande ».

Il avait vu juste et dit vrai ! Artiste tu l'étais par l'art consommé avec lequel tu savais partager avec tes élèves les trésors de ta propre science. C'est de ces dons exceptionnels que plusieurs générations d'étudiants et de praticiens ont profité.

Tes élèves d'autrefois en furent les premiers bénéficiaires. Etant presque tes condisciples ils ont peut être plus que tous autres éprouvé dans ton intimité les bienfaits d'une emprise qui puisait sa force dans l'émanation rayonnante de ta puissante volonté et de ta claire intelligence. Par ma bouche ils te disent encore merci !

Quant à moi, envers qui tu eus plus particulièrement la sollicitude attentive et prévoyante d'un grand frère robuste et sain pour un cadet de moins belle venue, j'éprouve une joie profonde à venir en cette solennité affirmer la chaleur de ton cœur fidèle, la générosité de tes sentiments et l'élévation de ton caractère.

Reçois donc ici l'hommage d'une admiration et l'assurance d'une affection qui pour toi et toute ta chère famille ne s'éteindra qu'avec mon dernier souffle.

DISCOURS

DE

Monsieur le Docteur Pierre DESCOMPS

L'honneur m'échoit, mon cher Maître, de prendre la parole au nom de vos Elèves. J'en ressens une grande joie. Et s'il se mêle, pour un instant, à ce sentiment, une nuance d'amertume, c'est que je reporte ma pensée vers les disparus, les chers disparus, qu'il faut associer à notre geste. Ainsi sera rempli leur vœu inexprimé ! Ainsi sera rempli aussi le vôtre. Car nul mieux que vous n'a su réaliser l'union intime, la continuité que rien ne peut rompre, de l'Ecole, du groupe, du clan, de la famille intellectuelle. Toujours vous avez cherché à réduire au strict inévitable des obligations administratives, dans votre entourage laborieux, le morne défilé de ces collaborateurs de hasard dont on s'empresse d'oublier les noms et les visages. Sans jamais décourager les bonnes volontés, vous n'avez, en tous cas, gardé parmi les vraiment Vôtres, que des amis. Vous les voyez aujourd'hui nombreux, empressés. Encore dois-je exprimer les regrets de tous ceux, qui, trop loin de nous, ne sont ici que par la pensée.

Vous vous êtes plu, un jour, à rechercher, par l'analyse de votre ascendance familiale, les indices, les tests, d'une formation intellectuelle, d'une armature mentale, où se concilient des tendances très diverses, donnant la clé de votre personnalité et de votre caractère. Peut-être pourrait-on remonter plus haut, et, pour l'interprétation des influences ancestrales que vous résumez, dont vous êtes tissé, retrouver jusqu'à des tendances diverses de race, venues en conjonction dans ce pays de Saintonge où vous êtes né, auquel vous demeurez attaché, obstinément fidèle à « l'appel de la terre ». Dans ses plaines où le vent d'Ouest, le vent qui souffle de la mer, s'imprègne d'une âpre saveur de sel et de résine, entre les dunes du Médoc et les côteaux modérés de la Charente, sur ces bords de la Gironde que vous aimez, se sont combinées, dès le lointain des âges, les influences ibériques et les influences celtiques. Vous les avez subies... De sorte que, par un rare privilège, dont vous ne pouvez manquer de sentir tout le prix, vous montrez l'exceptionnelle fortune d'être tout à la fois du Midi et du Nord. Vous aviez vraiment, par droit de naissance, et en partie double, tout ce qui était nécessaire pour faire un jour le parfait Parisien que vous êtes devenu. Dès votre jeunesse, dans notre capitale du Sud-Ouest, pays à la fois d'humanisme et de business, où les intellectuels coudoient les hommes d'affaires, vous aviez senti l'action de ce double courant sous une forme plus immédiate ; courant gréco-latin toujours vivant de la vieille civilisation gallo-romaine, courant plus jeune mais non moins sensible des influences britanniques.

Ainsi s'est formée une personnalité à double empreinte, où se fondent, en se complétant, l'homme de haute culture et l'homme d'action, capable en même temps de grâce et de force, de douceur et de puissance, d'expansion et de réserve, d'ardeur et de patience, d'enthousiasme et de réflexion, d'impétuosité et de calme, d'imagination et de sens pratique, susceptible de tout comprendre, de tout sentir, apte à concilier le rêve et la réalité, l'élan et la retenue, l'abandon et la réserve, la conviction ardente et le dilettantisme, la fantaisie et la règle, l'art et le confort, la méditation et le sport, la pensée et le geste...

Dans votre carrière chirurgicale, dans vos travaux et votre enseignement se rattachant aux diverses branches de nos sciences que vous avez marquées de votre empreinte, dans les manifestations de votre caractère, s'affirme cette double tendance. Elle est inscrite jusque sur votre visage, au profil net, aigu, de médaille, qui ne pouvait manquer de tenter un artiste et de l'inspirer, sur votre visage où se lit l'incessante mobilité d'un esprit en perpétuelle effervescence, où luit, dans l'ombre, un regard lumineux, jamais éteint, jamais neutre, jamais indifférent, qui peut se durcir d'impassibilité, où parfois s'allume une flamme, fulgure un éclair, mais qui sait aussi se voiler, s'embuer, ou s'illuminer d'un sourire.

Et cependant, qu'on vous lise ou qu'on vous écoute, toujours vous vous montrez tel que vous êtes, tel qu'on vous connaît, tel qu'on vous attend : tout d'une pièce.

Rigueur géométrique dans la genèse et l'ordonnancement des idées ; besoin impérieux de définir, de classer, de systématiser, de schématiser ; préoccupation constante de didactisme : un didactisme méthodique, clair, précis, objectif. Mais sens averti du réel, dépouillé de toute tendance à esquiver les difficultés, à la résoudre par des mots ou par des sophismes.

Documentation analytique scrupuleuse, encore que discrète, sans vain étalage, sans façade ; puis compréhension allant rapidement à l'intégration, à une synthèse lucide, œuvre d'un esprit critique intuitif, subtil, aiguisé, parfois acéré. Mais soumission parfaite au contrôle du bon sens, d'un bon sens éduqué, affiné, bien éloigné de cette défroque, chère aux primaires, qui, la plupart du temps, cache mal d'insondables indigences.

Argument majeur, dans la discussion, argument toujours renouvelé, toujours rajeuni, de la convenance, de la nécessité, de la finalité ; je veux dire d'une finalité dépouillée de tout sous-entendu occulte d'ordre métaphysique, exprimant uniquement, selon nos habitudes modernes dans les sciences expérimentales, la relation de fait, le mécanisme cartésien.

Tendance profonde de l'esprit, dans les procédés de raisonnement, vers la scolastique, oui, la scolastique, c'est bien le mot qu'il faut prononcer ; mais il s'entend ici de cette scolastique de bon aloi, discipline intellectuelle allégée de son vieil appareil doctrinal, lourd, encombrant, aujourd'hui désuet, pour nous à la vérité à peu près vide de sens, et qui, dès lors, considérée sous cette forme, doit rester l'inéluctable grammaire, non pas d'une logique mais de la logique tout court, la règle de toute pensée coordonnée, le gage du raisonnement sain, grâce au passage des idées suggérées par les faits au filtre tutélaire de son implacable dialectique.

Esprit de culture et de tendances fortement classiques ; mais avec le souci d'une incessante adaptation évitant cependant le jeu banal, un peu vain et toujours dangereux, des paradoxes.

Respect éclairé de la tradition dans ce qu'elle contient de sagesse éprouvée, sans toutefois le culte aveugle des disciplines subalternes, des routines surannées, sans le timide souci d'une neutralité étudiée, sans les tâtonnements laborieux d'un opportunisme anxieux en quête de popularité et de succès, vivifié au contraire par d'incessants courants d'idées originales, d'apports personnels, et servi fidèlement par une intransigeance sobre, ferme, probe, ne tendant le cou à aucun joug, ne s'accommodant pas des demi-mesures des cotes mal taillées et des à peu près... Rare mérite ! Car les hommes sont exceptionnels, qui ne partagent pas éperdument les préjugés de leur temps, qui n'en subissent pas les superstitions régnantes, qui savent, quand il le faut, braver avec dignité l'opinion commune, au risque de déplaire, ou tout au moins de compliquer leur vie... : une vie qui est si facile, si unie, quand on s'y promène avec un sourire figé de danseuse et une main de politicien mollement tendue à tout venant, lorsqu'on suit docilement l'ornière, qu'on se laisse porter par la foule, et qu'on ne heurte pas la triomphante médiocrité !

Forme de langage et d'écriture toujours élégante, nuancée, également éloignée de la poursuite ingénue de cette éloquence vulgaire, à longues périodes sonores saturées de poncifs, se berçant au cliquetis verbal de sa propre musique, et de cette recherche un peu mystique de la forme courte, hâchée, sèche, volontairement dépouillée, sans harmonie et sans grâce. Une phrase étudiée, soignée sans ostentation, toujours nette, mesurée, volontiers expressive, pittoresque ; une phrase balancée, qui n'est ni le ronron endormant d'un orgue de barbarie, ni l'agaçant tic-tac monotone d'un mécanisme d'horlogerie ; une phrase imagée, qui ne réalise ni le chromo ni la pointe sèche, qui reste, dans sa variété, œuvre de tact, de mesure et de goût.

Quels exemples nous vous devons, nous, vos Disciples : de labeur, de lutte, d'énergie, de volonté, de continuité opiniâtre. Rayonnement d'une individualité puissante, bâtie en force, faite de granit d'acier et de cœur de chêne ! Une carrière telle que la vôtre est vraiment, quand on en suit les étapes, une tentative violente et permanente contre la fortune, contre ces forces adverses qui nous entourent et aveuglément « tendent à nous détruire ». C'est le succès, c'est le bonheur, que l'on arrache de vive force au destin ! Que pourrions-nous en dire ? Vos vœux sont-ils comblés ? Nous le souhaitons.

Votre influence déborde, ainsi qu'il convient chez un Maître, le cadre étroit de l'enseignement, de l'enseignement conçu, non comme le simple apprentissage étroitement didactique d'un métier, d'une technique, mais comme une culture générale élargie préparant à l'exercice d'une profession libérale. Que de belles leçons !... Mais aussi que de précieux conseils !... Vous nous avez appris que, jeune, à l'âge où l'ignorance intégrale, je dirai encyclopédique, du débutant, commence seulement à présenter ses premières lacunes, on peut, oui vraiment on peut consentir, sans être ridicule ou vieux jeu, à apprendre, à apprendre humblement, le vocabulaire et la syntaxe des sciences de la médecine et que, si, à cette besogne sans gloire, on ne peut apporter du génie, on y doit du moins témoigner d'une longue patience... Vous nous avez souvent répété qu'un utilitarisme mesquin et pressé ne peut être la loi normale dans la vie d'un étudiant consciencieux, dont les préoccupations ne sauraient s'amenuiser au souci borné d'une collection, même attentive et scrupuleuse, de minuscules recettes, de petits gestes prétendument pratiques, mais que notre formation doit rester traditionnellement d'ordre intellectuel : en chirurgie, non seulement une éducation de la main, mais d'abord une éducation du cerveau... Vous nous avez montré qu'après avoir choisi ses Maîtres, travaillé avec eux, bénéficié de leur savoir, il faut leur en garder une déférente gratitude et qu'on ne saurait se diminuer en s'inclinant, à tout âge, devant la suprématie de l'intelligence du labeur et de l'expérience...

Cette influence profonde, intime, que vous exercez autour de vous, n'a rien d'un mystère : elle est faite, de votre part d'autorité souriante et cordiale, chez vos Elèves de confiance, de reconnaissance et de dévouement respectueux. Vous êtes de la lignée des Maîtres qui savent accueillir, accueillir sans raideur et sans morgue, accueillir à main tendue et à cœur ouvert, qui ne jugent pas nécessaire de se draper de dignité compassée, de se montrer distants, fermés, froids, secs, impénétrables, regards durs et lèvres scellées ; vous ignorez l'indifférence, lourde d'égoïsme satisfait et l'ironie hautaine, hérissée de sarcasmes aggressifs... Une sagesse indulgente, un scepticisme généreux, une bienveillance inlassable, teintée d'une nuance de mépris pour les indifférents, sans réserve pour les amis, et, pour les « Fidèles », à toutes les heures, sombres ou claires, imprégnée d'une tendresse discrète, délicate, toujours prête à se révéler ou à se retrouver... C'est vous ; c'est votre secret merveilleux... Rayonnement de la bonté ! Il n'y a pas d'intelligence, même la plus fruste, il n'y a pas d'esprit, même le plus inculte, il n'y a pas d'âme, même vide ou désertique, qui pourraient s'y montrer insensibles et refuser, en retour, tout ce qu'on peut donner de soi-même.

Nous sommes fiers de vous, mon cher Maître, et nous avons voulu vous dire pourquoi. Permettez-nous de vous garder, avec notre admiration, l'affection la plus profonde, la plus vraie. Puissiez-vous accomplir votre destinée, toute votre destinée, dans la lumière, dans la joie, en connaissant la douceur de vivre !

Nous vous offrons ces pensées et ces vœux. Fleurs certes bien modestes... Nous ne doutons pas cependant que vous en préférerez le parfum subtil, mais durable, à la fumée odorante, mais éphémère, de quelques grains d'encens.

DISCOURS

DE

Monsieur le Docteur Fl. BONNET-ROY

Mon cher patron,

Il est peut-être présomptueux et il est certainement très difficile de vous exprimer aujourd'hui en quelques phrases les sentiments de fidélité et de gratitude de tous ceux qui ont été vos collaborateurs immédiats, internes et chefs de clinique.

Quelles que soient cependant nos tendances individuelles, nous avons tous reçu de vous une empreinte si forte et tant de vigoureux enseignements qu'il nous suffit de nous interroger avec sincérité pour retrouver dans son intégrité ce patrimoine qui nous est commun.

Lorsque vous avez ouvert à un interne votre service, il prend place dans votre intimité laborieuse et je ne crois pas qu'il y ait beaucoup de services hospitaliers auquel ce terme d'intimité puisse s'appliquer plus justement. Dès votre arrivée, le matin, un frémissement parcourt du rez-de-chaussée au 2e étage le pavillon Isambert. En un instant, de ses quatre coins nous convergeons tous vers votre cabinet, et là, en quelques minutes, en toute simplicité de votre part, en toute confiance de la nôtre, s'échangent les nouvelles du service, s'ébauchent les projets et se discutent les incidents de la journée. Puis chacun repart, muni d'un avis précieux et d'une direction qu'un quart d'heure auparavant il cherchait en vain, vers sa besogne, dont il sait bien que vous restez le témoin et le guide vigilant.

Vous parvenez, en effet, à accomplir une tâche considérable sans vous détourner un instant de la nôtre et vous excellez à exercer sur nous une tutelle à la fois paternelle et ferme. Nous n'avons qu'une façon de le reconnaître et nous nous tiendrions pour impardonnables d'y manquer : c'est de ne vous rien céler de nos inquiétudes et encore moins de nos erreurs.

Le meilleur de vous-même, vous nous le prodiguez à l'hôpital en examinant les malades, en nous associant à vos interventions et en dirigeant les nôtres.

Il vous répugne de demander à un appareil solennel l'artifice de l'autorité et vous ne prétendez à rien d'autre qu'à nous instruire avec cette simplicité et ce désintéressement qui sont la marque d'une maîtrise sûre de soi.

De même, rien ne se fait autour de vous qui ne le soit au grand jour et vous nous dispensez, avec l'exemple quotidien du bon sens et de l'esprit critique avisé, le culte de la probité scientifique.

Et lorsqu'à notre tour, nous abordons la clientèle, c'est avec les scrupules que vous nous avez appris à respecter, mais, aussi, avec l'assurance que nous donnent les conseils dont vous ne nous refusez jamais l'appui ; car vous n'estimez pas qu'entre les murs de l'hôpital doive se borner votre mission d'éducateur.

Une longue pratique de l'enseignement, au contraire de ce qui arrive, dit-on, à quelques-uns de nos maîtres, loin de l'exaspérer, a assoupli en vous et affiné l'exercice de l'autorité. Ce qui, je crois, vous attache d'une façon indéfectible vos élèves c'est le respect que vous avez du caractère de chacun. Avec quelle pénétration vous nous jugez tous ! Vous vous ingéniez à ne faire état que de nos qualités, mais vous connaissez à merveille, aussi bien que le fort, le faible de chacun de nous. Lorsqu'il nous arrive — et cette éventualité n'est pas absolument exceptionnelle — de faire une erreur de diagnostic ou d'essuyer un revers thérapeutique, d'un mot, d'une phrase, tout naturellement et cependant avec les nuances les plus délicates, vous nous remettez dans la voie. Vous ne faites aucune concession à ce que vous estimez être la vérité, mais vous les faites toutes à notre amour-propre.

C'est ainsi que vous êtes resté jeune parmi les jeunes. Certes votre activité prodigieuse et votre résistance légendaire à la fatigue font de vous le plus vaillant de votre service, mais, surtout, l'âge ni les honneurs n'ont altéré en vous la notion de la jeunesse intellectuelle et morale. Nos peines, nos efforts, nos découragements imprévus et nos espérances incertaines dans l'apprentissage et dans l'exercice d'une profession difficile, vous les vivez avec nous, parce que vous n'avez pas oublié que vous-même les avez vécus. Vous nous donnez l'impression réconfortante d'en triompher encore chaque jour.

Le secret de votre autorité et de l'affection respectueuse qui nous lie au maître que vous êtes, c'est que vous ne demandez à votre connaissance des hommes et de la vie et à votre bienveillance que de faire de vous, pour vos collaborateurs, un aîné encourageant et un camarade plein d'expérience.

Ainsi, préférant la simplicité à la morgue et la sincérité à l'orgueil, vous avez marqué vos disciples d'une empreinte caractéristique. Tous ceux qui ont eu accès dans l'intimité de votre vie hospitalière participent, en conservant leur individualité, à une même formation. On les reconnaît, ainsi que l'on reconnaît les membres d'une même famille, à leur affection exclusive et parfois ombrageuse, à leurs tendances communes et non sans esprit d'émulation, à leur rivalité dans l'attachement et la fidélité.

Ces traditions, faites d'exemples et d'enseignement par l'action, de bon sens, d'indépendance et de désintéressement, vous nous les avez transmises comme on transmet à ses enfants un patrimoine familial.

Nous sommes fiers de l'avoir reçu et de saluer en vous, avec une piété filiale, notre Chef, notre Patron.

DISCOURS

DE

MONSIEUR VALAT, *interne*

MON CHER MAITRE,

C'est pour moi un grand honneur de prendre la parole au nom de vos internes et du corps de l'Internat.

Quand pour la première fois je me présentais à vous, pour solliciter une place d'interne dans votre service, je dois avouer que j'éprouvais une certaine appréhension. Avec son visage encadré d'une barbe impressionnante et son regard un peu farouche, bien fait pour intimider un jeune étudiant, le Pr Sébileau apparaissait dans mon esprit comme un maître sévère, d'un caractère exigeant et près duquel les relations d'interne à chef de service devaient être souvent difficiles.

Ma surprise a été grande et agréable car votre accueil fut des plus bienveillants. Immédiatement mon nom vous a évoqué le souvenir de mon Père regretté, qui avait été votre collègue d'internat, et le ton de votre voix en m'apprenant que vous acceptiez de me faire profiter de votre précieux enseignement, me laissait entendre également que vous seriez pour moi un maître affable et paternel.

Durant les 18 mois que je passais dans votre service à Lariboisière, chaque jour devait m'en apporter une nouvelle preuve : En permettant à vos internes, vos « jeunes amis » comme vous vous appelez souvent avec une si simple cordialité, de vivre dans l'intimité de vos pensées et de vos raisonnements, en leur faisant part de vos espérances chirurgicales, en les laissant partager vos satisfactions opératoires, vous créez autour de vous une atmosphère de respectueuse et franche amitié.

Quand on a l'honneur de travailler à vos côtés, si l'on entend parfois des sentences professorales, on recueille le plus souvent des conseils avisés, exprimés avec la plus grande lucidité, ponctués du mot qui frappe et dits sur le ton de l' « Ancien » qui s'adresse à un « jeune ».

Avec simplicité et bonhomie vous savez rectifier un diagnostic et mettre en évidence le détail clinique qui caractérise chaque maladie et permet d'en prévoir l'évolution.

Si vous nous enseignez l'art de guérir, vous nous montrez aussi toutes les qualités de cœur qui font le vrai chirurgien, qui hélas, trop souvent encore, doit se résigner à calmer les inquiétudes et éveiller une lueur d'espoir ! !

Non content de faire bénéficier vos élèves de votre inépuisable expérience clinique, vous leur communiquez également le « tempérament chirurgical ». Dans votre service, les internes doivent opérer.

Au début nous nous sentons souvent la main hésitante ; mais alors vous savez nous apprendre à oser ; vos conseils et vos précieuses indications affermissent notre courage parfois défaillant de jeune opérateur ;

vous restez près de nous, ou même vous nous aidez, prêt à guider notre main, et à nous montrer tous les secrets de cette délicate chirurgie de la tête et du cou, que vous aimez et que vous connaissez merveilleusement.

Remarquable éducateur tant au point de vue clinique qu'opératoire, excellent maître, patron affable dont la réputation légendaire retentit aux échos de toutes les salles de garde, ne vous étonnez pas si vous êtes aimé de vos internes, et je suis sûr d'être leur interprète à tous, en vous exprimant notre grande reconnaissance et l'assurance de notre entière affection.

Permettez-moi, enfin, mon cher Maître, de vous adresser mes plus sincères et chaleureux compliments et de vous dire que, de tout cœur, vos internes applaudissent à votre cravate de commandeur de la Légion d'Honneur.

DISCOURS

DE

M. QUELLET, *Directeur de l'Hôpital Lariboisière*

Mon Cher Professeur,

Hier soir, à une heure presque indue, alors que je pensais assister à cette fête, exclusivement en auditeur silencieux, et que, par avance, je me délectais dans le plaisir égoïste d'écouter, confortablement perdu dans la foule de vos amis, de beaux discours et votre éloquent éloge, un coup de téléphone de la Direction de l'Assistance Publique me chargeait de représenter ici M. le Directeur Général de l'Administration.

Voilà bien un des caractères des décisions administratives : elles ne sont pas toujours mauvaises en soi ; assez souvent elles sont bonnes, quelquefois même très heureuses, comme dans l'espèce ; pourquoi faut-il qu'elles soient aussi un peu tardives ?

Vous me pardonnerez d'oser, avec une telle impréparation, élever la voix devant un auditoire aussi nombreux qu'impressionnant : je n'avais le temps d'aucune documentation, d'aucune réflexion, d'aucun travail de l'esprit. Alors, j'ai pris la plume et mon cœur a écrit.

C'est donc au nom de notre vieille Administration de

l'Assistance Publique, mon cher Professeur, que je vous apporte mes félicitations. Vous devinez avec quel bonheur, je saisis cette occasion de vous exprimer mes sentiments personnels : ma pensée ne trouvera certainement pas les mots qu'il faudrait pour les bien dire, mais étant ici, pour quelques minutes, l'Assistance Publique, je suis une vieille, très vieille personne et vous aurez pour moi l'indulgence affectueuse qu'on a pour les aïeules.

Vieille grande dame, l'Assistance Publique, puisqu'elle naquit un jour d'on ne sait trop quelle année, au VIIe siècle, entre les bras de la Seine, dans cette cité des parisiens qu'on appelait encore Lutèce. On la baptisa « Hôtel-Dieu ». Depuis, elle a grandi, elle s'est développée, elle a même quelque peu évolué, mais c'est toujours la même personne, alma parens, A. P. Et elle a gardé, dans son bon vieux cœur, des trésors de tendresse pour tous ses enfants, surtout pour les enfants terribles que furent — autrefois — dit-on, les médecins ; elle s'enorgueillit de leur renommée ; elle se réjouit des honneurs dont on récompense leurs travaux et leur dévouement ; elle est fière de leur science et de leur conscience. En confiant à cette vieille grande dame la charge légale des pauvres et des malades de la Ville, la volonté du législateur lui a imposé une angoissante responsabilité : qu'importe, puisque dans la science et dans la conscience de ses chefs de service elle a mis sa confiance absolue et qu'elle y trouve les motifs de son apaisement et de sa sécurité.

Aussi, mon cher Professeur, aux yeux de l'Administration de l'Assistance Publique, l'honneur que le gouvernement vous a fait, ce n'est pas à vous seul qu'il l'a fait, elle en revendique sa part. Cette cravate qui, à votre cou, retient l'étoile de Commandeur de la Légion d'Honneur, toute la grande famille hospitalière veut la porter avec vous. Honorée par vous, elle s'estime honorée en vous. Que dirais-je de l'hôpital Lariboisière, de votre service, de votre clinique ? La gloire du patron remplit d'orgueil le plus modeste des serviteurs.

Quant à moi, personnellement, vous savez avec quels sentiments de joie, j'ai appris votre promotion dans les grades supérieurs de la Légion d'Honneur, le jour même d'ailleurs et par le même courrier qui m'apportait, au fond de ma Bretagne adoptive, ma nomination de modeste chevalier : humble enfant de chœur, j'étais reçu dans la confrérie des rubans rouges, au même temps que, sur vos épaules, on imposait le large scapulaire de pourpre qui convient aux cardinaux de la science.

De la sympathie qui fut dès l'abord entre nous, sont nées depuis des relations, non seulement officiellement cordiales, mais sincèrement amicales, au point qu'à mes yeux, et aux vôtres, j'en suis certain, je ne fais pas ici figure de fonctionnaire délégué d'office à une cérémonie officielle : j'ai oublié volontairement mes attributs, mon rond de cuir et mes manches de lustrine. M. Lebureau de Lariboisière est ici un ami, qui fête un ami, avec d'autres amis.

Il fut un temps — on me l'a dit, mais je n'en crois rien — où médecins et administrateurs « devaient » être ennemis. C'était obligatoire, établi, accepté. Les uns étaient à l'avant du progrès scientifique, les autres, esprits rétrogrades et poussifs, étaient, par définition, hostiles à tout mouvement, parce que amoureux de leur sommeil et de leur paresseuse tranquillité. Je n'ai pas connu ce temps-là, vous non plus. C'est donc une simple légende, comme il y en a beaucoup dans l'histoire hospitalière. Si c'était vrai, je n'aurais tout de même pas réussi à emporter dans mes déménagements successifs, l'amitié de tous les chefs de service que j'ai connus, ce dont je ne suis pas peu fier.

Qu'administrateurs et médecins soient toujours et en tout du même avis... ? Y a-t-il deux hommes du même avis, même deux médecins ? Ce serait d'une monotonie désespérante. Il faut que les idées se heurtent pour que jaillissent entre elles la vérité et la lumière. Mais entre hommes animés du même zèle vers le même but — l'intérêt des malades — il ne saurait y avoir qu'une comparaison d'idées et d'opinions dans la même bonne foi, dans la même volonté d'être utiles aux malheureux, dans le même désir de s'être mutuellement agréables.

Y eut-il même entre nous, mon cher Professeur, un seul de ces échanges d'opinions contraires ? Je ne me le rappelle plus. Ne suis-je pas toujours de votre avis, puisque vous avez toujours raison ?

D'où proviendraient d'ailleurs des divergences d'idées ? Ah ! je sais bien : les médecins des hôpitaux ont le tort, en même temps que la bonne fortune, de beaucoup voyager : congrès, conférences, excursions d'études, ils voient tout, ils regardent, ils comparent et ils reviennent très malheureux parce que, quelquefois, la comparaison n'est pas très flatteuse pour nous, pour nos vieux bâtiments que les siècles passés nous ont légués, couvents, casernes, prisons, avec la charge de les aménager en hôpitaux un peu modernes. Et alors, nous en entendons des critiques, des regrets : voici, avec documents à l'appui, des services larges, aérés, inondés de soleil, sans surcharge de « brancards ». Voici des laboratoires de recherches tout paillassés de marbre et de lave précieuse et dotés, à profusion, d'appareils et de subventions ; voici des salles d'opérations, pardon, des centres opératoires avec leurs innombrables annexes et des amphithéâtres de cours, etc., etc. Pauvres administrateurs que nous sommes, nous rougissons de notre grande misère. Hélas ! trois fois hélas !... au fond, avons-nous tant à rougir ? Assemblez, en un tout, par l'imagination, ce que, ici et là, et encore là, on a réalisé de mieux et de plus récent, et construisons, avec ces quelques services soigneusement choisis, l'hôpital idéal. Il n'existe peut-être encore qu'en ordre dispersé, mais il ne serait vraiment pas mal du tout... s'il existait en bloc.

Encore un peu de patience ; le jour où l'Administration de l'Assistance Publique sera riche, elle n'aura plus à répondre aux désirs des chefs de service, elle ira au-devant de leurs souhaits, et le sourire sera éternel entre eux et les administrateurs.

Personnellement d'ailleurs, je me méfie des voyages d'études et c'est un peu malgré moi que je visite les hôpitaux « modèles », depuis certaine aventure qui faillit tourner à ma confusion. Visitant en détail un établissement justement réputé, joyau hospitalier d'une province recouvrée, j'étais plein d'une admiration justifiée ; mais mon enthousiasme ne connut plus de bornes lorsque je pénétrai dans la salle des machines ; des passages de tapis entre les dynamos, un parterre de glace immaculé, l'oratoire, que dis-je, le temple de la mécanique — on se retenait de tomber à genoux. Devant un tableau très compliqué, manettes, leviers, viseurs, on m'expliqua : ici s'inscrit automatiquement la température de chacune des salles de l'établissement. Vient-elle à baisser ou à monter? automatiquement, un réglage de vapeur se produit ici, qui rétablit la normale. La main de l'homme n'a pas à intervenir. C'est automatique. En été ? Eh bien, en été, au lieu de chaleur, c'est une fraîcheur toujours égale qui se règle ici, automatiquement.

J'étais abasourdi, assommé, pantois. Et je pensais à tous les efforts de bonne volonté, d'activité, de zèle, de surveillance, de contrôle pour obtenir à Lariboisière des résultats évidemment non comparables.

Mais, tout de même, à la fin, je repris mes sens et, insidieusement, un peu à l'écart de l'orgueilleux fonctionnaire qui me « faisait voir », je dis au mécanicien : « Cet appareil, très ingénieux certes, n'est-il pas un peu délicat, ne se détraque-t-il pas quelquefois ?

Quelques secondes d'hésitation. Et puis : « Monsieur, je dois vous l'avouer, depuis dix ans que je suis ici, je ne l'ai jamais vu fonctionner ; on le montre aux visiteurs ».

Comme je sais comment et ce qu'on montre aux visiteurs, par expérience personnelle, je n'ai même pas souri, mais je n'ai plus trouvé mon vieux Lariboisière si ridicule de n'être pas automatique à ce point.

Pourquoi, mon cher Professeur, je me le demande, vous ai-je raconté cette histoire d'un service trop parfait ?

Le vôtre, pour l'être un peu moins peut-être, est un

des plus beaux qui soient. Vous n'avez rien ou presque à désirer. Aussi la générosité de l'Administration vous est-elle tout acquise.

Vous arrivât-il de souhaiter quelque chose, l'Administration vous l'accorderait d'enthousiasme. Avec elle aussi, vous aurez toujours raison. A cela, vous avez plus d'un titre : pendant une vingtaine d'années, je crois, n'avez-vous pas été, mon cher ancien collègue, directeur d'établissement, je n'ose dire, hospitaliser ? Et l'Administration ne témoignait-elle pas d'une partialité révoltante à votre égard en vous réservant des administrés de tout repos. Et dans cet amphithéâtre d'anatomie des hôpitaux, n'avez-vous pas réussi pendant la guerre, au milieu de toutes les difficultés, malgré une pénurie presque totale de collaborateurs, grâce à votre activité et à votre volonté, à maintenir votre enseignement, étant de ceux qui dans un présent effroyable, n'avez jamais désespéré de l'avenir.

A vous donc qui avez été l'enfant chéri de l'Administration, permettez-moi de vous adresser en son nom, ses maternelles et affectueuses félicitations.

Mais je veux aussi vous apporter les applaudissements enthousiastes d'un personnel que vous aimez, dont vous vous faites le protecteur et le défenseur, je veux dire le personnel hospitalier de Lariboisière.

Je me rappelle quelques phrases d'un discours ou plutôt d'une leçon inaugurale que vous fîtes, il y a longtemps déjà, à l'Ecole des Infirmières de la Salpêtrière et qui constituent, à mon sens, le plus bel et le plus juste éloge qu'on ait jamais fait de notre personnel hospitalier.

« L'infirmière » disiez-vous » est la collaboratrice la plus modeste, mais peut-être la plus précieuse des médecins, chirurgiens, accoucheurs des hôpitaux. Elle est comme le trait d'union entre les malades au chevet desquels elle vit sans cesse et les chefs de service qui n'y passent et n'y peuvent passer que quelques instants par jour... »

Et plus loin :

« Il faut avoir vécu toutes les angoisses de la chirurgie abdominale, comme je l'ai fait autrefois, ou toutes les angoisses de la grande chirurgie cervicale, comme je le fais aujourd'hui, pour se faire une idée de ce que peuvent réaliser ces soins continus, ardents, épuisants d'une bonne infirmière, veillant près d'un grand pyrétique, d'un grand choqué, d'un grand opéré... Oui, j'en ai condamné, oui, j'en ai vu condamner par mes maîtres de ces grands malades que la volonté, la ténacité, l'obstination d'une femme ont arrachés à la mort. Et je ne connais rien de plus grand, rien de plus beau que ces obscurs dévouements qui se déploient mystérieusement dans le silence et la tristesse d'une petite chambre, d'isolement et y accomplissent des miracles surprenants qui resteront toujours ignorés ».

Très bel et très juste hommage à ce personnel hospitalier, dont l'Administration a le droit d'être fière, presque à l'égal de son personnel médical, et qui, au fur et à mesure qu'autour de nous, semble décroître la valeur morale de nos contemporains, apparaît plus noble, plus admirable encore parce qu'il constitue un des derniers refuges de la conscience professionnelle.

C'est grâce, en grande partie à des chefs comme vous,

qu'il garde le sentiment de son devoir ; c'est à votre exemple, à votre enseignement, à vos encouragements que nous devons sa rare valeur.

A vous, mon cher Professeur et ami, à vous qu'il aime parce que vous l'aimez, parce que vous le soutenez, parce que vous le défendez, le personnel hospitalier de l'hôpital Lariboisière me demande de présenter ses ardentes félicitations et de les joindre, humbles fleurs mais combien précieuses à votre cœur, à la joie de tous ceux qui se pressent aujourd'hui autour de vous.

DISCOURS

DE

MONSIEUR H. ROGER

Doyen de la Faculté de Médecine de Paris

Si l'on me demandait quel est l'organe le plus utile de l'économie, je répondrais sans hésiter : en France, c'est le larynx. Car le larynx est l'organe de l'éloquence et l'éloquence est la première qualité de la race française César reprochait à nos ancêtres d'être trop bavards. Il avait tort: si nous parlons beaucoup, nous agissons encore plus, démontrant ainsi que, suivant la parole de l'Ecriture, le Verbe est créateur.

Cependant, malgré l'importance de l'organe émetteur des pensées et des organes récepteurs, la Faculté resta longtemps privée d'une chaire d'oto-rhino-laryngologie. La création date de 1919. Au lendemain de la guerre, une grande commission fut nommée pour la réorganisation de notre enseignement supérieur. A la première séance, le Ministre de l'Instruction publique nous annonça que la fin des hostilités marquait l'avènement d'une période heureuse et prospère. Et, comme tout bon ministre doit être bon prophète, il nous affirma que la France, victorieuse, ne connaîtrait plus jamais le moindre embarras financier ; sa fortune solidement assise allait lui permettre de doter richement les Universités. Lorsqu'on nous demanda d'exprimer nos désirs, nous fûmes unanimes à répondre qu'il nous fallait avant tout une chaire de clinique oto-rhino-laryngologique. A peine formulé notre vœu recevait satisfaction. Il n'y avait plus qu'à nommer le titulaire. Pour une chaire nouvelle la Faculté ne fait pas de présentation. Le Ministre désigne qui bon lui semble. Aucune hésitation n'était possible. Un homme s'imposait et le Gouvernement ratifia le vœu de la Faculté et du Corps médical tout entier. Sebileau fut nommé sans avoir rien sollicité ; il n'eut pas besoin de revêtir la robe blanche du candidat pour obtenir la robe rouge du professeur.

Ce qui désignait Sebileau pour la chaire d'oto-rhino-laryngologie, ce n'est pas seulement la maîtrise incontestée qu'il avait acquise. C'est l'œuvre capitale qu'il avait réalisée. Pour la bien comprendre et la justement apprécier, permettez-moi de me reporter à une époque lointaine : celle où je commençais mes études médicales.

Les spécialités n'avaient pas conquis leur autonomie. L'ophtalmologie était confiée à des chirurgiens qui ignoraient également l'art d'examiner un fond d'œil ou d'opérer une cataracte. Les accouchements étaient faits par un médecin ou un chirurgien ; cela dépendait de l'hôpital. Quant à l'art dentaire, c'était un infirmier qui, après les consultations de chirurgie, pratiquait officiellement de l'exercice illégal, arrachant à la force du poignet les dents des patients et parfois des fragments de mâchoire. L'oto-rhino-laryngologie était reléguée dans une petite annexe d'un service de médecine à l'hôpital Lariboisière. Quand j'étais étudiant, le service était dirigé par un cardiologue, Maurice Raynaud. Ce fut Proust, un hygiéniste, qui lui succéda.

C'est alors que deux hommes comprirent la nécessité et l'urgence d'une réforme. L'un médecin, l'autre chirurgien des hôpitaux, ils entreprirent de créer à Saint-Antoine et à Lariboisière, un véritable service de spécialité, et de fonder dans nos hôpitaux une école d'oto-rhino-laryngologie. A cette œuvre capitale dans l'histoire de la médecine française resteront à jamais associés les noms de Lermoyez et de Sebileau.

L'Administration de l'Assistance publique favorisa la tentative : elle organisa les services nécessaires et à leur tête elle put placer des spécialistes éminents qui tous ou presque tous, s'étaient formés à l'Ecole du Maître que nous fêtons aujourd'hui. Sebileau a fait pour l'oto-rhino-laryngologie ce que Panas avait fait pour l'ophtalmologie et Tarnier pour l'obstétrique. Comme ses illustres prédécesseurs, il a fini par recevoir la consécration officielle : il occupe avec l'éclat que vous savez la chaire qui a été fondée pour lui.

Professeur titulaire, Sebileau a parachevé son œuvre. Son enseignement a continué d'attirer la foule des jeunes médecins désireux de s'instruire et sa réputation, s'étendant au-delà de nos frontières, a porté dans les pays lointains la réputation scientifique de la France.

Venu tardivement à la spécialité, Sebileau a conservé sa maîtrise chirurgicale. Il réussit à merveille toutes les opérations de la face et il s'est acquis une réputation universelle dans le traitement des lésions d'origine dentaire. Il est l'arbitre incontesté des stomatologistes et des odontologistes.

Il est aussi un maître en anatomie. Pendant des années, il a dirigé l'amphithéâtre des hôpitaux et, là encore, il a montré la solidité de ses connaissances et l'originalité de ses conceptions.

Les fonctions multiples qu'il a assumées il les a toujours remplies avec un éclat incomparable. Professeur merveilleux, clair et précis, il a hérité de ses ancêtres gaulois le don de l'éloquence, non pas cette éloquence légère et superficielle qui éblouit un moment et ne laisse aucune empreinte : son éloquence est solide et profonde : elle fixe les idées, elle grave les faits et les théories.

L'importance de son œuvre assure à Sebileau l'admiration générale. Le charme de son esprit, la bonté de son cœur, la sûreté de son amitié, lui ont conquis la sympathie et l'affection de tous. C'est une joie pour le doyen de pouvoir, au nom de la Faculté entière, des maîtres et des élèves, exprimer au professeur Sebileau notre sincère reconnaissance et notre profond attachement.

DISCOURS

DE

MONSIEUR LE PROFESSEUR PIERRE SEBILEAU

MONSIEUR LE DOYEN,

J'ignorais hier encore que cette fête de famille dût se rehausser de l'éclat de votre présence. Vous sentir près de moi en un pareil jour est à la fois un sujet d'orgueil et de joie. Quand un homme reçoit de celui que ses pairs lui ont donné comme chef un témoignage comme celui qu'est pour moi votre touchante allocution, il n'a plus de récompense à attendre de sa vie professorale. Je vous adresse, Monsieur le Doyen, les remerciements sincères d'un des silencieux admirateurs de votre œuvre et de votre personne.

MES CHERS AMIS,

L'émotion m'étreint ; les sentiments de reconnaissance qui sont en moi s'efforcent en vain de quitter le fond de mon cœur pour s'élever jusqu'à vous.

« Et mes yeux, malgré moi, se remplissent de pleurs ».

Je voudrais m'enfermer silencieusement dans le souvenir égoïste des belles années que vous venez d'évoquer et, comme ce malade qui, après avoir reçu la morphine, chasse ses familiers pour jouir plus pleinement, dans le silence et la solitude, de l'engourdissement progressif de son être, j'aimerais m'abandonner maintenant à cette béatitude de l'illusion que vos louanges ont fait naître en moi.

Je ne le puis, car je vous dois des remerciements, témoins bienveillants et indulgents observateurs de ma vie.

Il y a quarante et quelques années je quittais, après une enfance choyée que mon cher Henri Rodier eût aujourd'hui rappelée avec émotion, ce petit village de Saintonge bordé par les marais de la Gironde où plusieurs générations de mes aïeux avaient exercé la médecine. Je n'avais alors d'autre ambition que de leur succéder. Et voilà qu'aujourd'hui, mon cher Cheval, au milieu de mes maîtres, de mes élèves, de mes amis, je reçois par votre bouche, de l'Académie royale de médecine de Belgique, un témoignage qui éblouit ce qui est resté en moi du petit campagnard que j'étais alors...

Faut-il vous le dire ? Quand je réfléchis au sort qui fut le mien, je me fais à moi-même l'effet d'un de ces lambeaux flottants qu'en chirurgie réparatrice nous dénommons « les lambeaux par migrations successives ». On les prend à la main, au pied, à la jambe, au bras, au dos, n'importe où et, par une suite ininterrompue d'étapes alimentaires, on les conduit à la tête où, définitivement, on les fixe. Ainsi, malgré moi, la vie m'a emporté..... Pauvres lambeaux dépaysés, est il vrai, du moins, que vous ne perdiez jamais complètement vos caractères originels ? Dites à tous vos amis, mon cher collègue, à tous vos amis qui sont aussi les miens,que leur manifestation me touche profondément ; mais dites-leur aussi qu'elle ne me surprend pas. Si la fidélité du souvenir, la force de l'amitié et le culte de la reconnaissance disparaissaient un jour de la Terre, c'est que sur la Terre il n'y aurait plus de Belgique.

Depuis ma jeunesse, j'ai senti se développer en moi deux hommes qui se sont toujours pénétrés, heurtés quelquefois : l'un, ardent, réalisateur, courageux, combatif et volontaire ; l'autre, paresseux, contemplatif, ennemi de l'effort et de la lutte, un rien fataliste. Ils vécurent d'abord en bons frères dans cette douce ville de Bordeaux, accueillante et facile, où des parents généreux me rendaient la vie très aisée. C'est d'elle que j'ai ramené mon cher ami Maurice de Fleury, qui y fut mon compagnon le plus attaché, et le plus fin des Saintongeais, J. Arrou, si fidèle entre tous mes élèves. Mais, à dater du jour où sonna pour moi l'heure nécessaire de vouloir, en mon âme la bataille commença et c'est elle, sans doute, qui a pu donner à mon action dans la vie l'apparence contradictoire de la force et de la faiblesse, du soudain et du continu, du précipité et du réfléchi.

Si, de ces deux hommes, le second n'a pas tout à fait triomphé du premier, je le dois à une forte éducation de jeunesse ; je le dois aux encouragements constants et à l'affection de mon entourage ; je le dois à l'enseignement et à l'exemple de mes maîtres. Mes maîtres ! Je n'en ai plus que deux : le professeur Le

Dentu qui, après une belle vie chirurgicale, philosophe bienveillant et discret, éternise, sous la protection des arts et d'un doux épicurisme, son éternelle jeunesse ; puis vous, mon cher maître Quénu qui, de tous mes patrons, fûtes le plus puissant et celui qui imprima le plus fortement sur la pâte dont j'étais fait l'inaltérable empreinte du devoir à accomplir.

Je fus aussi le disciple de quelques camarades dont la bonté me fit des amis : P. Legendre, le penseur dilettante ; Queyrat, l'indulgent conseiller ; Tuffier, l'infatigable entraîneur ; Broca, le bon ronchonneur ; Ricard, le disert ; Walther, le charmeur ; Gilbert, le chérubin.

Grâces vous soient rendues, vigilants bergers de mon inexpérience !

Il y a quelques années, me croyant seul dans ma chambre, j'y contemplais avec admiration les lignes très pures d'un lit du XVIIe siècle dont l'antiquaire de qui je le tenais m'avait dit qu'un pape y avait, selon toute vraisemblance, reposé son propre corps... Je me sentis subitement interpellé : « Et quoi donc que fait monsieur à bayer de cette manière après son ciel de lit ? » C'était Germaine qui m'interpellait ainsi : Germaine, une bonne de maturité naissante et de conformation arrondie qui arrivait à peine des bords rocailleux de la Creuse... « Voyez-vous, Germaine, je songeais que, dans ce lit un pape a probablement couché avant moi et que, ni vous ni moi, nous ne saurons jamais son nom ». — « Serait-il donc possible, Monsieur, qu'une pareille chose soit arrivée ? Un pape ! mais c'est ce qui vient tout de suite après le bon Dieu »...

Eh bien ! mes chers amis, je vous en donne ma parole : Gilbert, le concurrent incomparable, déjà désigné comme future médaille d'or, que j'avais découvert chez Hanot ; Tuffier, l'interne fin, élégant et décidé que j'avais trouvé chez Guyon ; Ricard et Walther, les frères jumeaux du prosectorat des hôpitaux, que j'avais à peine entrevus à Clamart, restèrent pendant longtemps pour moi, nouvellement débarqué à Paris..... ce qui « venait tout de suite après le bon Dieu » ! Et plus tard, mon cher Gilbert, tu devins le bon Dieu lui-même quand tu répandis sur ceux qui m'entouraient les faveurs de ta science et de ton dévouement. Et Lepage, et Legendre, et Méry, et Marfan, et Lermoyez, et Thiroloix, et Florand, et Portalier, et Pouvreau, de Bois-Colombes, furent aussi pour nous, aux heures tragiques de la maladie, des divinités bienfaisantes.

Vous venez, mon cher Descomps, de rappeler en termes émus et pleins d'enthousiasme, où j'ai senti passer les chaudes vibrations de ces ardents rayons solaires qui inondent cette belle vallée garonnaise que vous m'avez fait connaître, ma carrière de jeune agrégé d'anatomie, de jeune chirurgien des hôpitaux, et de directeur de Clamart. Vous fûtes, avec Gibert et Devraigne, un de mes premiers enfants : ah ! quelle fierté vous donnent ces jeunes paternités et quels amis deviennent ensuite les vieux pères et les grands fils !

Vous venez, mon cher Lemaître, tu viens, mon cher Bonnet, d'évoquer, en même temps que la chirurgie de la grande guerre, à laquelle je me suis si complètement donné, les souvenirs qui s'attachent à ma vie de professeur et de chirurgien depuis que je suis devenu le directeur de ce beau service de Lariboisière où vous avez été l'un et l'autre, à quelques années d'intervalle, mon interne et mon assistant. Et vous, mon cher Valat, le Benjamin, vous venez de me jeter les dernières fleurs et les plus fraîches : le printemps qui rend hommage à l'hiver ; à la vérité, sans hiver, il n'y aurait pas de printemps... Oui, mes amis, je vous ai vraiment donné à tous ; je vous donne encore aujourd'hui et je vous donnerai jusqu'à la dernière heure, simplement, à la manière d'un vieil ami à qui la vie a beaucoup appris, tout ce qu'un homme peut donner de son courage, de son expérience et de son cœur. Mais suis-je, en vérité, l'homme que vous pensez et que vous avez si généreusement défini ? Ecoutez-moi bien. Je suis un amateur de music-hall ; c'est là qu'on me trouve aux jours de repos. Les prestigieux exercices de force, de souplesse, d'agilité, d'adresse que j'y vois excitent et entretiennent mon activité. Les mystérieuses combinaisons du prestidigitateur et de l'illusionniste m'y enchantent et me portent à la méditation. J'aime, des poches et des manches vides de l'artiste, voir sortir des œufs en abondance et d'innombrables pièces de monnaie ; j'aime, dans une petite cage déshabitée, voir miraculeusement apparaître une colombe ou un petit lapin blanc ; j'aime voir se réparer par enchantement un foulard brûlé sur plusieurs points de sa trame ; j'aime voir magiquement disparaître d'une malle cadenassée et ficelée une femme toute chamarrée d'or et de couleurs. Quand, au sortir d'un pareil spectacle, on pénètre sérieusement en soi, on sent une grande modestie vous envahir ; l'idée vous vient que la prestidigitation s'étend peut-être à toutes les choses de la vie, et que dans l'admiration qui vous est vouée par vos fervents, l'illusion ne peut pas manquer de jouer un grand rôle.

Les années portent au recueillement ; au fur et à mesure qu'elles s'accumulent, on glisse insensiblement vers l'indulgence et la charité. Et c'est pour cela, mes amis, que de toutes les louanges dont vous m'avez comblé, celles qui m'ont le plus fortement ému sont celles qui se sont adressées aux qualités de mon cœur. Oui, mon cher directeur de Lariboisière, il peut être beau d'avoir écrit et enseigné, d'avoir laissé des livres et répandu des élèves. Mais quand s'annonce le crépuscule de la vie, quand, en pleine force et en pleine possession de soi, l'on commence pourtant à se sentir enveloppé par l'obscurité naissante de la nuit qui s'appesantit lentement sur vous, quand, à cette heure remplie de gravité et de mélancolie, l'on peut se dire que l'on fut compatissant aux souffrances et à la douleur des blessés, des malades et des attristés, bienveillant pour les petits, charitable aux malheureux, courageux dans l'œuvre sociale et reconnaissant à la masse généreuse de ces humbles collaborateurs qui, par un travail anonyme et journalier, sans profit et sans espoir de récompense, contribuent à assurer vos succès et votre réputation ; quand on peut se dire que jamais l'envie n'entra dans votre âme et que jamais, par haine ou représaille, on n'usa de son autorité pour barrer à d'autres le chemin de la vie, ah ! mes amis, quelle joie intime et profonde, quelle fierté de soi, quel repos de l'âme vous aident à attendre l'inévitable vieillesse !

Certes, ce sont choses auxquelles ne s'arrêtait guère

autrefois notre esprit de jeunes hommes, mon cher Emery, quand,au lendemain de ces conférences où nous admirions ta charmante fantaisie, la sèche précision de Dominici, l'implacable méthode de Georges Laurens, le goût si affiné d'Edmond Fournier ; quand dis-je, au lendemain de ces conférences nous partions ensemble, toi, Berne-Bellecour,mon frère et moi, pour ces joyeuses randonnées à bicyclette où tu te montrais à la fois le plus incertain des pédaleurs, le plus spirituel des compagnons, la plus fragile des créatures pourvues d'un sciatique et le moins fervent des adeptes des mes idées sur l'utilité du régime sec dans la noble pratique du sport ! Crois-tu que nous étions sincères à cette époque ! crois-tu que nous étions confiants ! crois-tu que nous aimions la justice, la liberté, la vérité !

Et il faut les aimer toujours. La jeunesse d'un vieil homme se reconnaît à ce qu'il n'est pas un blasé. L'existence n'est pas sans tristesse ; mais les épreuves et les douleurs sont la rançon du bonheur et la philosophie consiste à savoir supporter les peines en souvenir et en échange des joies qui les ont précédées. Jusqu'à la dernière heure il faut travailler. Jusqu'à la dernière il faut aimer la vie.

Mes amis, vous direz à ceux que vous représentez ici à quel point mon émotion témoigne de la joie que vous m'avez donnée. Laissez-moi comprendre dans un même sentiment de reconnaissance et dans une même explosion de remerciements tous ceux qui m'ont parlé, tous ceux qui sont venus, tous ceux qui, de près ou de loin, de France ou des pays amis, m'ont écrit, et tous ceux qui ont voulu conserver, sous la forme de cette médaille que vous m'offrez aujourd'hui, le souvenir de mon court passage sur notre pauvre terre. Elle n'a point fait de moi, certes, un homme à figure tendre, et pour cause ; mais elle fait grand honneur au puissant artiste, un de nos anciens collègues d'internat, De Hérain, qui l'a vigoureusement modelée suivant les prescriptions de son idéal et en a fait une belle œuvre d'art.

18 avril 1926

1926. Saint-Amand (Cher) — Imp. A. CLERC

www.ingramcontent.com/pod-product-compliance
Ingram Content Group UK Ltd.
Pitfield, Milton Keynes, MK11 3LW, UK
UKHW022126260726
13993UKWH00003B/1268

9 782329 525099